DEVX LETTRES

PATENTES DV ROY EN

FORME DE DECLARATION,

auec deux arrests du Priué Conseil, par lesquels sa Majesté maintient les Officiers qui ont esté pourueus, receus & instalez, nonobstant les Arrests donnez par les Cours Souueraines de ce Royaume sur la verification de l'Edict du premier Aoust mil six cens dix, portant reuocation de plusieurs Offices de nouuelle creation.

A PARIS,

Chez IEAN REGNOVL, ruë du Foin, pres Sainct Yues.

Iouxte la coppie imprimée à Bordeaux, par Simon Millanges.

1611.

LETTRES PATENTES DV ROY EN
forme de declaration, contenant reuocation de plusieurs Edicts & Commißions.

OVYS PAR LA GRACE DE DIEV ROY DE FRANCE ET DE NAVARRE, A tous ceux qui ces presentes lettres verront, Salut. Nostre intétion & de la ROYNE Regente nostre tres-honorée Dame & Mere, ayant toufiours esté de foulager nos subjects autát qu'il nous feroit poffible, pour les faire jouyr des fruicts qu'vne jufte & paifible domination a accouftumé de produire foubs vn bon Roy : & par ce doux & fauorable traitement les retenir en obeïffance & deuoir, auec amour & bien-veillance enuers nous, nous euffions tres-volontiers dés l'entrée de noftre Regne ofté ou diminué la plufpart des charges que noftredicte Dame & mere, & nos plus feaux Miniftres nous ont faict entendre eftre les plus griefues & infuportables à noftre pauure peuple, confpirant auec eux en ce fainct & loüable defir: Mais les grandes & exceffiues defpences qui fe font rencontrées à ce commencement, cogneuës d'vn chacun, auec celles que noftre bas aage nous oblige de fupporter quelques années, pour tenir le Royaume & nos fubjects en repos & feureté, nous oftant le moyen de côfommer ce bon œuure tout à coup, Nous auons eftimé pour leur rendre cependát quelque tefmoigna-ge de noftre foin & affection à les foulager, deuoir reuoquer plusieurs Commissions extraordinaires, que le feu Roy nostre tres-honoré seigneur & pere, que Dieu absolue, auoit octroyé pour la recherche & correction des grands abus & maluersations commises en ses affaires, & au prejudice de ses subjects : Encores qu'il eust pris ce conseil auec tres-grāde raison, & pour retenir les hōmes en deuoir par l'exemple de quelque chastiment. Pour ce que nous sommes bien aduertis que les plaintes qui sont venuës en nostre Conseil de diuers endroicts de ce Royaume, qu'en procedant à l'execution d'icelle, tant de nouueaux desordres ont esté commis, qu'elles en sont deuenuës odieuses & si dommageables, que le remede s'est trouué pire que le mal. Nous y adioustons encores la reuoquation de plusieurs Edicts, & Declarations, contenant creation ou establissement de nouueaux offices, que nostredit feu Seigneur & Pere auoit esté induit de faire, non tant pour en tirer profit & accroistre ses finances, que pour ayder & subuenir aux necessitez, despences des Princes, Seigneurs & autres personnes de qualité qui auoient merité quelques gratifications & recompenses de luy. Lesquelles reuocations seront aussi suyuies dans peu de iours, de la reuocation de quelques partis : dont nos subjects ont faict plainte, & monstré receuoir beaucoup d'incommodité & dommages : combien que lesdits partis ayent esté faits pour le bien, commodité & aduantage de nos affaires, aymant mieux souffrir quelque perte & diminution de nos droicts, que les voulant rechercher auec vne trop exacte & seuere Iustice, amoindrir les commoditez & profit de nos sujets. A CES CAVSES, de l'aduis de nostre tres-honorée Dame & mere, la Roine Regente, des Princes de noſtre ſang , autres Princes , Prelats , Officiers de la Couronne , & de pluſieurs perſonnes notables de noſtre Conſeil. Et de noſtre plaine puiſſance & auctorité Royale, Nous auons reuoqué & reuoquons par ces preſentes leſdites Commiſſions extraordinaires & Edicts de creation d'offices , ſans qu'ores ny à l'aduenir il y puiſſe eſtre pourueu pour quelque cauſe & occaſion que ce puiſſe eſtre.

PREMIEREMENT.

1. La Commiſſion pour la recherche des vſures , excepté celle qui ſe faict pardeuant les Iuges ordinaires.

2. La recherche de l'employ , qui s'eſt cy deuant faict des deniers d'octroy pour les Bourgs , villes , & communautez , outre les ordonnances & reglemens.

3. Autre concernant l'obmiſſion faicte par les commis à la leuée & perception du ſol pour liure , lors qu'il ſe leuoit à l'entrée des portes , enſemble contre ceux qui ſe ſont exemptez de payer ledit droict.

4. Celle qui ſe faict contre les Greffiers , Collecteurs & Aſſeeurs des parroiſſes , à cauſe des pourſuites qu'ils font ſur le peuple des deniers des tailles pour les années par nous remiſes au peuple.

5. Autre concernant les leuées qui ont eſté faictes pour les bois & chandelles par les villes , bourgs & villages , outre ce qui eſt porté par nos Commiſſions.

6. Celle de dechets ſur les deſcentes & voictures du ſel , tant par eauë que par terre.

7. La Commiſſion pour contraindre les merciers & reuendeurs qui vendēt & eſtalent és villes , bourgs , foires & marchez , à prendre lettres du Roy des merciers.

8. Autre pour contraindre toutes ſortes d'artiſans de prendre lettres de maiſtriſes par les bourgs & villages.

9. Celle pour la vente & alienation des ventes vaines & vagues.

10. La Commission pour rechercher ceux qui ont faict entrer de l'Anil d'Inde auparauant les deffences portées par les arrests de nostre Conseil.

11. Autre pour l'entreprise sur nos forests par les vsagers des villes, bourgs, villages & communautez, fors que par les Iuges Royaux.

12. La Commission emanée de nostre Tresor de Paris, portant commandement à tous Gentils-hommes d'apporter ou enuoyer leurs lettres, tiltres & enseignements au Greffe de nostredit Tresor.

13. Celle contre les Meusniers pour leurs meules & meulons, qui doiuent estre au point rond.

14. La taxe sur les Huissiers & Sergens de ce Royaume pour estre maintenus en leurs charges.

15. La Commission pour la recherche des abus & maluersations pretenduës au faict des gabelles des pays de Dauphiné, Lyonnois & Prouence.

16. La Commission pour la recherche des droicts à nous appartenans, abus & maluersations commises au faict des Traictes foraines, Domaniales, & acquits, à caution non rapportez.

17. La recherche du droict des confirmations d'offices, autre que celles qui sont deuës par nostre aduenement à la Couronne.

18. La recherche des Chastellains de Dauphiné pour les leuées des deniers faites par eux, outre & par dessus nos Commissions.

19. L'Edict des Nantissemens & hypotheque.

20. Les offices de Voyers jurez en chacun siege de nostre Royaume créés par Edict du mois de Mars 1604.

21. Autre Edict portant creation des offices des Sergens conducteurs des prisonniers.

22. L'Edict des offices de Conseillers Presidiaux qui restent à pouruoir des quatre creés en l'année 86.

23. Les offices de Courtiers, Aulneurs, Iaugeurs, & marqueurs de toilles, draps, & autres ouurages, tant de lin que de chanure, creés par Edict du mois de Ianuier 1585.

24. L'Edict portant creation des offices de Conseillers en chacun siege Royal de ce Royaume, & Vicomtez de Normandie.

25. L'Edict de creation des offices de Greffiers des eslecteurs particuliers.

26. Celuy des changeurs hereditaires.

27. L'Edict du mois de Iuillet 1606. portant reglement des mesures à sel & establissement des officiers desdictes mesures és Prouinces de Xainctongne, Poictou, Angoumois, pays d'Aunix, haut & bas Limosin.

28. Les offices de Receueurs & Controlleurs des deniers communs, dons patrimoniaux & d'octroy.

29. Tous les offices vaquans par mort auparauant l'année 1606. tant d'ancienne que nouuelle creation.

30. Les offices de Conseillers Presidiaux creés par Edict du mois de May 97.

31. L'Edict des ampliations des Sergens par tout le Royaume de France.

32. Les offices d'Huissiers, Sergens & Notaires restans à pouruoir par commission ou autrement.

33. Les offices des Procureurs du Roy aux Eslections particulieres, creés par Edict du mois de Nouembre 1595.

34. Autres offices de Procureurs du Roy aux Eaux

& forefts, Preuoftez, Sieges particuliers, ceux des Preuoftez des villes où il y a Prefidial, és Marefchauffées
Eflections & Greniers à fel de nouuelle creation.

35. Les Procureurs du Roy aux Cours Ecclefiaftiques.

36. Les Sergens, Collecteurs des decimes créées par
Edict de l'an 1578.

37. Tous les offices anciens & alternatifs de Receueurs des efpices.

38. Les offices de Greniers & Clercs de Greffes nou-
uellement créées.

39. Les offices des Clercs, Commiffaires en la ville
de Paris pour les vins entrans en icelle.

40. L'Edict de creation des offices de Courtiers de
vins & toutes fortes de marchandifes.

41. Autre des offices de Concierges des Bureaux
des Treforiers de France.

42. Autre Edict portant creation des offices de Receueurs des amendes aux Parlemens & Prefidiaux.

43. Celuy des Meffagers des villes.

44. Autre Edict des mefureurs de fel.

45. Celuy de porteurs & mefureurs de greniers.

46. L'Edict de creation des offices de Receueurs &
payeurs des gages d'aucunes Cours fouueraines & fie-
ges Prefidiaux.

47. Autre Edict des offices de vendeur de poiffon
de mer, frais & falé en gros.

48. Autre des offices de garde des feaux és Prefidiaux

49. Celuy portant creation des offices de Receueur
du domaine.

50. L'Edict de creation des Controlleurs de fortifi-
cations de Dauphiné, Prouence & Breffe.

51. Celuy de Controolleur alternatif des bleds, &

autre

autres marchandifes à Arles.

52. Autre portant creation des offices de garde des liures & Archiues des Chambres des Comptes de Montpellier & Dijon.

53. L'Edict des offices de Clercs fiegez à Rouën, outre les trois eftablis.

54. Autre Edict de creation des offices de Lieutenant & Iuges és Preuoftez, Chaftellenies, Vigueries, Alloués, Vicomtez, & autres Iuftices Royalles.

55. Les offices de Collecteurs de tailles és collectes des receptes d'Armaignac, Condommois, Commenges & autres lieux requis par les habitans defdits lieux.

56. L'Edict de creation des offices de Lieutenans des Bureaux particuliers, Greffes, Prifeurs & Calculeurs, feelleurs, garde de maiftre des ports en Normandie.

57. Deux offices de Receueurs du taillon en l'Election de Brie.

58. Huict offices de Controolleurs és tabliers particuliers de la Preuofté de Nantes.

59. L'office de Receueur des confignations à Laual.

Tous lefquels offices, tant vaquans par mort, que de nouuelle creation feront fupprimez, & les Edicts reuoquez pour ceux qui reftent à receuoir : à la charge toutesfois que ceux defdits officiers de nouuelle creation qui font receus, aduenant vacation d'iceux par mort ou forfaicture, demeureront eftaints & fupprimez, & n'y fera pourueu cy apres.

Autres Edicts portans creation d'aucuns offices, qui reftent à executer, que nous voulons pour certaines confiderations eftre furcis, iufques à ce qu'au-

trement par nous en noſtre Conſeil, en ait eſté ordonné, fors & excepté ceux qui ſe trouueront pourueus & receus auſdits offices.

1. L'Edict des Subſtituts de nos Procureurs & Aduocats & adjoints aux enqueſtes.

2. Tous les offices d'Huiſſiers audienciers de nouuelle creation en toutes les Iuriſdictions de ce Royaume.

3. L'Edict des offices d'Auditeurs & expers des Comtes de tutelles, & autres contes litigieux és Parlemens de Tholoze, Bourdeaux, & Grenoble.

4. Celuy des offices de Conſeillers pour eſtre vnis aux charges d'offices d'Aduocats du Roy és ſieges Preſidiaux & autres Iuſtices Royalles de ce Royaume és lieux où il n'a eſté executé.

5 Autre portant creation des offices de Greffiers de l'impoſt en Normandie.

6 Les offices de Conſeillers, Aſſeſſeurs aux Preuoſtez des Mareſchaux, Vif baillis, Viteneſchaux, leurs Lieutenans, enſemble les Lieutenans Criminels de robbe courte, par Edict verifié en l'année 1594.

7. Les offices d'Aduocats du Roy premier & ſecond és Vicomtez, Eauës & foreſts, & autres Iuſtices, reſſortiſſantes au Parlement de Normandie, créez par Edict verifié en l'année 1594.

8. Autre Edict portant creation des Offices de Rapporteurs & certificateurs de criées d'heritages en chacun ſiege de ce Royaume, où leſdictes criées ont de couſtume d'eſtre verifiées

9 L'Edict des Offices de Lieutenans Particuliers, Aſ.

ſſeurs Criminels és ſieges Preſidiaux, Bailliages, Se-
neſchauſſées, & autres Iuriſdictions Royalles: enſemble les Commiſſaires Examinateurs.

10.   Autre Edict de creation de Greffiers tant Ciuils
que Criminels, pour le faict des affirmations.

11.   Autre Edict portant pouuoir aux Enqueſteurs &
Commiſſaires examinateurs des ſieges de ce Royaume, d'exercer l'vne & l'autre charge.

12   La Commiſſion des recherches ſur les Hoſteliers
& cabaretiers pour leur faire prendre lettres ou per-
miſſion de vendre vin.

13.   L'Edict portant creation des offices de porteur de
ſel és greniers à ſel.

14.   Les offices de Iaugeurs, meſureurs & viſiteurs de
tonneaux, vaiſſeaux & barriques à mettre vin, cidre,
biere, verjus, vinaigre, & autres breuuages & liqueurs.

Comme auſſi voulons eſtre ſurciſe l'execution de
la Commiſſion cy deuant expediée au Sieur d'Alelme
Conſeiller en noſtre Cour de Parlemét de Bourdeaux
pour la recherche de noſtre Domaine vſurpé, quints,
requints, droicts de prelation, lots & ventes, & autres
droicts à nous deubs depuis pluſieurs années, & ce
contre les Gentilſ-hómes, & autres particuliers de noſtre païs de Perigord, & autres prouinces circóuoiſines.

Si donnons en mandement à nos amez & feaux
Conſeillers, les gens tenans nos Cours de Parlemens,
Chambres des Comptes, Cour de nos Aydes, Treſo-
riers generaux de France, Baillifs, Seneſchaux, Pre-
uoſts, Iuges, ou leurs Lieutenans, & à chacun d'eux ſi
comme il appartiendra, que ces preſentes nos lettres
de Declaration ils facent lire, publier & enregiſtrer, &
le contenu en icelles faire garder & obſeruer ſelon leur

B ij

forme & teneur, sans souffrir ny permettre qu'il y puis-
se estre fait ou donné aucun empeschemét au contrai-
re. Car tel est nostre plaisir, nonobstant quelconques
Edicts & Reglemens à ce contraires : Aufquels nous
auons desrogé & desrogeons par cesdictes presentes.
En tesmoin dequoy nous auons fait mettre nostre seel
à icelles. DONNE' à Paris le premier iour d'Aoust,
l'an de grace mil six cens dix. Et de nostre regne le
premier.   *Signé,*   LOVYS.

Et plus bas, Par le Roy estant en son Conseil, la Royne Regente sa mere presente.
   Signé,   PHELIPEAVX.
Et scellées du grand seel de cire jaune, sur
double queuë.

AVTRES LETTRES D'ATTACHE
pour la publication des susdictes lettres.

LOVYS par la grace de Dieu Roy de France &
de Nauarre, a nos amez & feaux Conseillers les
gens tenans nostre Cour de Parlement en la Chambre
ordonnée en temps de vacations à Bourdeaux, Salut.
D'autant que les lettres patentes cy attachées soubs le
contre-seel de nostre Chancellerie, portans reuocation & surceáce de plusieurs noueaux Edicts & Commissions, dont nos subjets se trouuoient trauaillez, n'ót
peu estre enuoyées & presentées auparauant la closture
de nostredite Cour de Parlement, & qu'a ceste occa-
sion vous pourriez faire difficulté de les receuoir, s'il ne
vous estoit particulierement ordonné. A CESTE CAV-
SE, voulans pour les considerations contenuës aux sus-
dictes lettres, qu'elles sortent à effect. De l'aduis de

la Royne Regente, noftre tres-honorée Dame & Mere, Nous vous mandons & enjoignons, que vous ayez
incontinent à les faire enregiftrer, publier, obferuer, &
entretenir, tout ainfi qu'il eft porté par icelles, & que
vous euffiez faict ou peu faire, fi l'adreffe vous en auoit
efté faite, fans y apporter aucune difficulté. Car tel eft
noftre plaifir, nonobftant quelconques Edicts, Ordonnances, & lettres à ce contraires. Donné à Paris
le 17 iour de Septembre, l'an de grace 1610. Et de noftre regne le premier.   Signé   LOVYS.
     Et plus bas, Par le Roy, la Royne Regente fa mere
          prefente.   PHELIPEAVX.
     Et feellées en cire jaune fur double queuë pendante
     & attachées auec les fufdictes lettres par contre-
     feel de la Chancelerie

S V R la lecture des lettres patentes contenant la re-
     uocation des commiffions extraordinaires, & des
Edicts de creation d'offices, données à Paris le premier
iour d'Aouft, mil fix cens dix, fignées L O V Y S : Et
plus bas, Par le Roy eftant en fon Confeil, la Royne Regente fa mere prefente, P H E L I P E A V X, & feellées
de cire jaune.

     La C O V R, ouy & ce requerant D V S A V L T
pour le Procureur general du Roy, a ordonné & ordonne, que l'Edict, dont lecture a efté prefentement faite,
fera enregiftré és regiftres d'icelle ; & fur le reply d'ice-
luy mis ces mots, Leuës, publiées & enregiftrées,
ouy & ce requerât le Procureur general du Roy,
& copies deuement collationnées à fon original, fi-

gnées du Greffier, seront enuoyées à la diligence dudit Procureur general, aux Bailliages & Seneschauf-
sées de ce ressort, pour y estre faicte semblable lecture
& publication; ensemble de l'arrest de ladicte Cour,
sur ce donné: enjoignant aux Officiers desdits sieges
d'icelle faire garder & obseruer, selon sa forme & teneur: Et aux Substituts dudit Procureur general, de
certifier la Cour dedans le mois, du debuoir, que sur ce
ils auront faict. Faict à Bourdeaux en Parlement le
7. Decembre 1610. Signé, DE PONTAC.

EXTRAICT DES REGISTRES
de Parlement.

VEV par la Cour, les Chambres d'icelle assemblées, les
lettres patentes du Roy en forme de Declaration, données à Paris le premier iour d'Aoust dernier 610. signées,
LOVYS, Et plus bas, par le Roy estant en son Conseil, la
Royne Regente sa mere presente, PHELIPEAVX, &
scellées du grand Sceau dudit Seigneur, de cire iaulne, à double
queue pendante, auec autres lettres y attachées, soubs le contre-
scel, aussi données à Paris le dixseptiesme de Septembre dernier, signées LOVYS, Et plus, Par le Roy, la Royne Regente
sa mere presente, PHELIPEAVX, & scellees de cire iaune
adressantes à ladicte Cour & Chambre ordonnée durant le
temps des vacations, pour faire publier & enregistrer lesdites
lettres patentes, faire obseruer & entretenir le contenu en
icelles, le tout presenté à ladicte Cour le 29. de Nouembre
aussi dernier; auec deux lettres de cachet adressantes à ladicte Cour: l'vne de sadicte Majesté en datte du 6. dudit mois
de Septembre, signée LOVYS, & plus bas PHELIPEAVX,

& l'autre de la Royne Regente sa mere, en datte du 17. du mesme mois de Septembre dernier, aussi icelles lettres de cachet presentées à ladicte Cour le mesme iour 29. dudit mois de Nouembre dernier. PAR LESQVELLES aussi est mandé & enjoinct à ladicte Cour, & Chambres des vacations, de faire lire, publier & enregistrer tant en icelle Cour, qu'autres Iurisdictions, & lieux du ressort de ladicte Cour, lesdites lettres patentes ainsi qu'est porté par icelles, Contenant icelles lettres patentes, entre autres choses, reuocation de plusieurs Edicts, & Commissions extraordinaires mentionnées par icelles, auec surceance d'aucuns Edicts, portant creation d'aucuns offices qui restent à executer, jusques à ce qu'autrement par sadicte Majesté en son Conseil en ait esté ordonné: Et ouy sur ce DV SAVLT, pour le Procureur general du Roy, qui a requis tant pour leur descharge, que pour seruir contre celuy qui a apporté en ville & retenu lesdictes lettres & paquet du Roy ainsi qu'il appartiendra. Que le registre demeure chargé du iour de la presentation desdites lettres patentes, & lettres de cachet. Et au surplus a requis lesdictes lettres patentes estre enregistrées és registres de ladicte Cour, leuës, & publiées au premier iour d'Audience, auec les modifications telles & semblables, qui sont portées par les arrests la Cour de Parlement & des Aydes de Paris, donnez sur la presentation & publication desdictes patentes : Et qu'en outre il soit inhibé à tous Officiers nommez esdictes lettres qui se sont faits installer aux Bailliages & Seneschaussées, & autres lieux du ressort de ladicte Cour, depuis le iour de ladicte Commission adressée à la Chambre des vaccations, ou depuis le temps que ladicte Commission a deu estre presentée à ladicte Chambre des vacations, qui estoit le lendemain de la feste de S. Luc dernier passé de continuer l'exercice desdits offices, à peine de faux, & que pareillement inhibitions soient faites aux autres officiers iceux recognoistre, & admettre parmy eux, à peine de suspention de *leurs charges.*

LA COVR, les Chambres d'icelle assemblées, a ordonné & ordonne, que sur le reply desdites lettres patentes sera mis, leuës, publiées & regiltrées; ouy & ce requerant Dusault pour le Procureur general du Roy , à la charge que les proces pour crime d'vsure seront faits à la requeste des Substituts , sans aucun delateur. Et à ladicte Cour faict inhibitions & deffences aux Officiers receus és Eftats & offices en consequence des Edicts non verifieZ en icelle, & autres Edicts reuoquez , dont le reltablissement n'a esté verifié , continuer l'exercice d'iceux Eftats , à peine de faux Et ordonne ladicte Cour, que coppies collationnées & signées par le Greffier d'icelle , feront enuoyées par les Bailliages & Seneschauffées du ressort d'icelle, pour y estre leuës, publiées & registrées , à la diligence des Substituts dudit Procureur general du Roy. Ausquels est enjoint de faire , & de tenir la main a l'execution du present Arrest. FAICT à Bourdeaux en Parlement , les Chambres d'icelle assemblées , le 3. iour du mois de Decembre 1610. Signé, DE PONTAC.

Leu, publié, ce requerant Puison Procureur du Roy en la presente Preuoité, a esté le susdit Edict du Rey & arrest de la Cour de Parlement de Bourdeaux par le Greffier de la Cour de ceans, de laquelle lecture & publication auons octroyé acte, & ordonné qu'il sera enregistré és registres du Greffe pour seruir que de raison, & neantmoins enjoint à tous officiers obeyr audit Edict & arrest, & à ces fins que tous lefdits officiers de la presente Preuofté representeront deuant nous les Edicts de creation do leursdits offices dedans trois iours, aux peines portées par lefdits Edicts & arrest. Faict à Creon le plaid tenant pardeuant nous Jean de Paty Iuge, Preuoft royal d'entre deux Mers, le 15. Decembre 1610. Ainsi signé, DE PATY.

DE MONTENON.